みんながたのしくなる
影絵の世界 ①

つくってみよう！ いろいろな影の形

監修・著／影絵人形劇団みんわ座
編／こどもくらぶ

六耀社

影あてクイズ これはなんでしょう？

ヒント
すべて身近なものです。見なれているものでも、光のあたる方向によって、形が変わってきますよ。

この本では、ところどころに影絵人形劇団みんわ座の代表・山形文雄さんが登場し、影絵の世界のふしぎやおもしろさについて解説します。

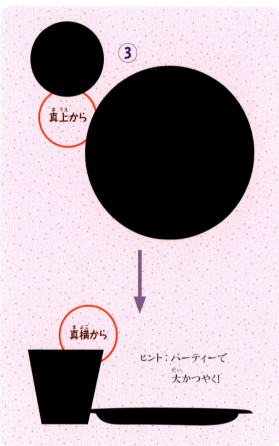
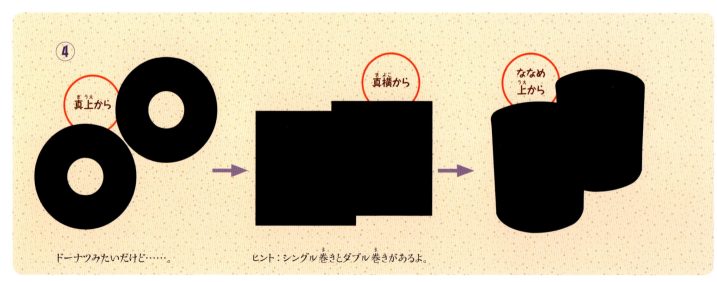

ドーナツみたいだけど……。　　ヒント：シングル巻きとダブル巻きがあるよ。

ヒント：木製かな？　金属製かな？
真横から一部拡大

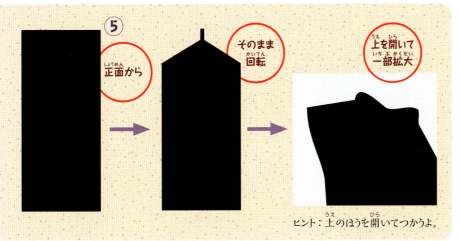

⑤ 正面から　そのまま回転　上を開いて一部拡大
ヒント：上のほうを開いてつかうよ。

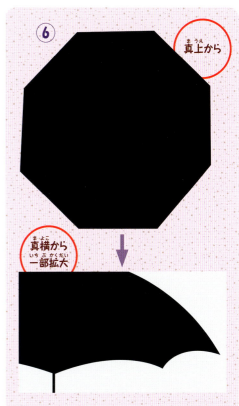

⑥ 真上から
真横から一部拡大

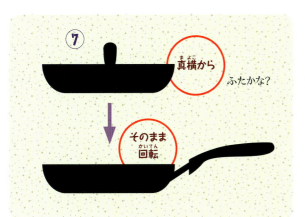

⑦ 真横から　そのまま回転
ふたかな？

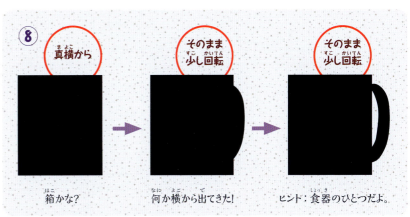

⑧ 真横から　そのまま少し回転　そのまま少し回転
箱かな？　何か横から出てきた！　ヒント：食器のひとつだよ。

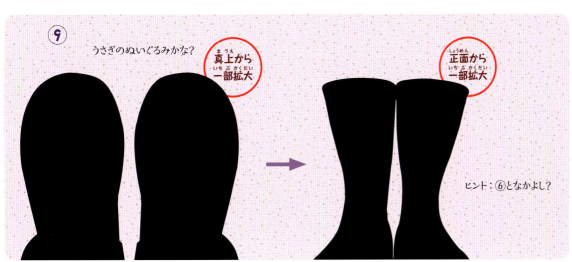

⑨ うさぎのぬいぐるみかな？
真上から一部拡大　正面から一部拡大
ヒント：⑥となかよし？

答えは5ページにあります。

はじめに

　みなさんは、指や手で障子や壁に影絵をつくる遊びをしたことがありますか？　現代では、障子のある家も少なくなり、部屋の照明が電球から蛍光灯、さらにはLEDライトへと変わってきたことから、家のなかで影をつくりにくくなりました。蛍光灯やLEDライトでは、どうして影がつくりにくいのでしょうか？（その理由は、このシリーズの１巻に書かれています）

　では、外遊びで地面に影で絵をつくったことがありますか？　太陽の光があれば、どこにでも影はできます。道を歩いていて、自分の影が動いていくようすを見るだけでも、いろいろなイメージがふくらみますね。校庭など広い地面があれば、影をふんで鬼を交代する「影ふみ鬼ごっこ」もたのしい遊びです。影ふみ鬼ごっこで鬼にふまれないコツは、ふまれそうになったら、影の面積を小さくすることだそうです。さて、どうすれば小さくなるでしょう。

　このシリーズでは、影のふしぎを見ていきながら、影をつかったいろいろな遊びを３巻にわけて紹介していきます。それぞれの巻の最後には、自分たちで影や影絵をつかった劇づくりができるように、いろいろなくふうがしてあります。

１巻「つくってみよう！　いろいろな影の形」では、手とからだ、物をつかっていろいろな影をつくります。
２巻「挑戦してみよう！　影絵人形劇」では、人形などをつくって劇づくりをします。
３巻「やってみよう！　影絵＆写し絵」では、「写し絵」というアニメのような影絵に挑戦します。

　この本を読んで、クラスのなかまや友だちどうしで、ぜひ影遊びや影絵人形劇、「写し絵」での影絵遊びをしてみてください。みんなで話しあい、アイデアを出しあうことで、おどろくような影絵の世界ができあがります。劇をつくるとなれば、照明係、音楽係、人形をあやつる係など役割がたくさん必要です。全員でそれぞれ得意な役割を担当し、協力しあって、影と遊ぶたのしさをみなさんで味わってください。

影絵人形劇団　みんわ座代表　山形文雄

もくじ

- 影あてクイズ これはなんでしょう？ ……………… 2
- はじめに ……………………………………………… 4
- 影ってなあに？ ……………………………………… 6
- いろいろな光と影 …………………………………… 8
- 変化する影 …………………………………………… 10
- 影の形のおもしろさ ………………………………… 12
- 影の動きのおもしろさ ……………………………… 14
- もっと知りたい 影に色をつけよう ………………… 16
- 手やからだでつくる影絵 …………………………… 18
- もっと知りたい 影をつかった、ふしぎマジック …… 22
- 手影絵をつかった劇づくり ………………………… 24
- さくいん ……………………………………………… 31

影あてクイズの答え

1. バット
2. やかん
3. 紙コップと紙皿
4. トイレットペーパー
5. 牛乳パック
6. かさ
7. フライパン
8. マグカップ
9. 長靴

影ってなあに？

光の道をさえぎった物の形を影といいます。
光と影のあいだには、びみょうな関係があります。
光のあたり方によって、形やうつり方が変わります。

なぜ影ができるの？

光はまっすぐ進みます。その光をさえぎると、影ができます。ひとつの光源にひとつの影がうつります。

太陽の光でできる影は、おばけみたいに自分にくっついてはなれない。夕方のびて、昼は短いという特徴がある。

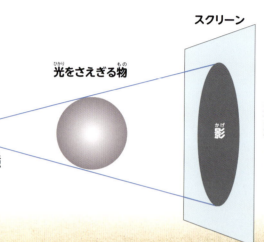

影をつくるには、「光（光源）」「うつされる物（光をさえぎる物）」「うつされるところ（スクリーン）」の3つの物が必要。

なぜ影が動くの?

地面にできた影を見ていると、時間がたつにしたがって、影の向きや長さが変わっていきます。光源となっている太陽が動いているからです。

日時計は、太陽が動くと影も動くことを利用して、時間を知るための道具としてつくられた。

🐕 ワンポイント

こい影とうすい影

太陽の光でできる影は、こくてはっきりしています。なぜかというと、太陽は地球からとても遠くにあるので、地面をスクリーンとすると小さな点とみなされ、1点から光が広がる点光源となるからです（図①）。しかし、太陽は球面全体から光を出しています。小さな点ではなく、大きな面全体から光を出すものを面光源といいます。面光源では、こい影とうすい影ができます。光源の両はしから光が出るので、影の上に光もあたっている部分ができてしまうのです。

下の写真は宇宙ステーションの飛行士がとらえた月の影です。地球と月と太陽が一直線にならんだときにできたものです。月の影がぼやけているのは、月の大きさと太陽の大きさ、太陽と月と地球との距離などで、太陽が面光源となるからです（図②）。

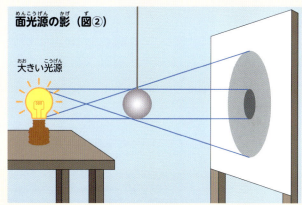

点光源の影（図①）　　面光源の影（図②）

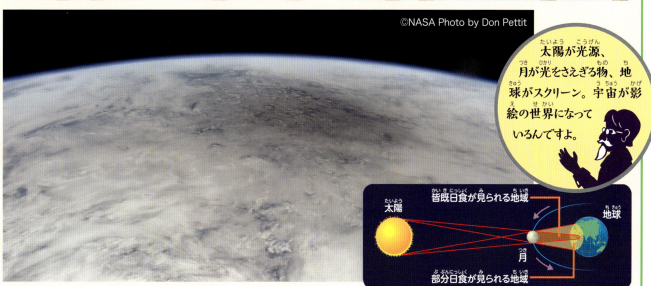

©NASA Photo by Don Pettit

太陽が光源、月が光をさえぎる物、地球がスクリーン。宇宙が影絵の世界になっているんですよ。

皆既日食が見られる地域
太陽　　　　　　　　　地球
　　　　　　月
部分日食が見られる地域

いろいろな光と影

光にはいろいろな種類と特徴があります。
それぞれのつかい方と性質を見てみましょう。

自然の光

太陽や月の光は、きれいな影をつくります。でも、自由に光をつけたり消したりすることはできません。くもりや雨の日には、影はうつりません。

●太陽の光

太陽から出た光はあらゆる方向に広がるように進みますが、太陽は地球からあまりにも遠くにあるので、地球では平行に進む光になり、影は、みんな太陽と反対側に、同じ向きにできます。でも、太陽は東の空から南の空を通り、西に動くので、太陽の動きとともに影の向きや長さが変わります。

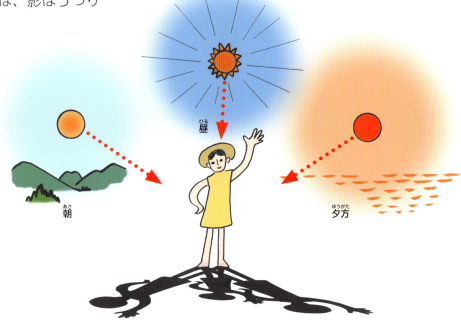

朝　昼　夕方

夕方の影　昼の影　朝の影

●月の光

家のなかの明かりを全部消して、外から入る光で影をつくります。月の光は意外と速く動くので、うつる時間はそれほど長くはありません。また、月の光のきれいな季節も一年のうちでかぎられています。

＊月は太陽に照らされて光っているので、光源とはいえないが、ここでは影をつくる光として、とりあげた。

ワンポイント
影のできない物

太陽の光があたっても、影ができない物があります。ガラスは、ほとんど影ができません。水の入った水そうやプラスチックの下じきには、影はできますが、とてもうすい色です。影がうすくなるのは、ガラスや水、プラスチックなどが光をさえぎらず、ほとんどの光を通してしまうからです。

電気の光

影をつくる光源は、点光源(→P7)のほうがきれいな影をつくります。昔の電球（白熱灯）は点光源に近かったのですが、いまつかわれている蛍光灯やLEDライトは面光源(→P7)に近く、光がいくつかのはなれた地点から出るので、りんかくがぼんやりとした影になってしまいます。

ワンポイント

現在の電球事情

2017年現在、LEDライトが主流になり、白熱電球は店頭から姿を消しはじめました。LEDライトは影をつくりにくい光です。現在、影絵に適した電球は、GR球白熱クリヤーライト（球型でミラーがついている）とハロゲンランプ（点灯時、かなり発熱するため、取りあつかいに注意が必要）の2種類だけになりました。スクリーンとの距離が近ければ、LEDライトの懐中電灯（集光タイプ）やスマートフォンの懐中電灯機能のライトをつかって影をうつすことができます。

白熱電球でも、とうめいな電球でないと、影がはっきり出ない。

ロウソクやランプ

ロウソクやランプは、燃えて光を出す物として、昔から影絵の光源としてつかわれています。ロウソクの光はゆらゆらとゆれています。キャンプ・ファイヤーのたき火も影絵の光源になります。

ロウソクの光はうまくつかえば、すばらしい効果が得られます。でも、燃えている火だから、水を入れたバケツを用意したり、先生や大人の人についていてもらったりするなど、とりあつかいに十分に気をつけましょうね。

変化する影

影絵は、光とスクリーンのあいだに「うつしたい物」をおいて、影をうつします。「光を出す物（光源）」と「うつしたい物」「スクリーン」の配置でいろいろな変化がおきます。

影絵師・川村亘平斎さんは、伝統的影絵を学びながら個人で影絵のパフォーマンスをおこなっている。そんな川村さんが、スティールパン奏者のトンチさんと東京の小学校で2年生とおこなった影絵ワークショップのときのよう す。切り絵をつかって影を出してみる「はじめてのカッター」という図工の授業で、体育館いっぱいにはられたスクリーンにうつったふしぎな影に、みんなもびっくり。

大きくなったり、小さくなったり

　影のつくり方はいろいろあり、ひとつの影でも大きさが変わったり、のびたりします。

　物を光源に近づけると、影はうすくなりますが、形は大きくなります。反対に物をスクリーンによせると形は小さくなり、密着すると実物の大きさでとまります。

　立ったままで手を明かりに近づけると、手の部分だけが大きくのびていきます。このような光と影の特性を知って、イメージを大きくふくらませて新しい表現を見つけていくのも、影絵遊びのおもしろさです。

左の写真のスクリーンの反対側。女の子と大きなサルの影になる人物は、どこにいる？　光源はどこにある？

Aくんはスクリーンの手前に立つ。Bくんは光の前に立つ。すると、Bくんが巨大な影となってあらわれる。

スクリーン
Aくん
Bくん
光源

光源の前にうつすものをいろいろ用意して、ひとりで影絵を演じる川村亘平斎さん。

　自分の影をうつしてみましょう。それぞれの影はちがいますね。ちがうからいいのです。立つ位置によっても変わります。自分の影を見ながら、影をつかっていろいろなようすをあらわしてみましょう。

影の形のおもしろさ

影の世界では、物の立体感や材質など「質感」が消えます。
スクリーンとうつす物との距離を変えたり、
物を組みあわせたりして影をつくると、
ふだん見なれている物でも、まったくちがって見えてきます。

物をあわせて影をつくる

影の形をイメージしながら、影のもとになる物をつくります。まず、特徴をあらわす大きな部分をつくり、つぎに手足のような細部をくわえていくとつくりやすいです。

本物に近いリアルなものより、特徴をとらえて誇張したもののほうが、影絵としては、たのしくなります。

くるみ割り / CD / クリップ / クリップライト

上の組みあわせを影にすると……。なにか生き物のように見える？

左から、銅でできた水差し、観葉植物、クリップライト、プラスチックの容器、バネ、ドライフラワー、カットグラス、くるみ割り。下の写真で見ると、スクリーンとの距離をちがえているのがわかる。

新しい影をつくる

　見なれている物でも、影にして組みあわせると意外な形があらわれます。重なりが少ないと、もとの形がわかりますが、重なりを多くしたり、たくさんの物をうつすと、もとの形はわからなくなります。いろいろな物をつかって、物あてクイズで遊ぶのもおもしろいです。

スクリーンのうら側。

ワンポイント
校庭で造形遊び

　東京の日野市にある小学校で、4年生が図工の時間に「光とかげから生まれる形」と題して、校庭で造形遊びをおこないました。人や物の影を組みあわせて、新しい形をつくるという授業です。ひとりではなく、友だちとかかわりながら、いろいろな形を試します。物をかたむけたり、くっつけたりすることで形がどんどん変化し、想像がふくらんでいきます。

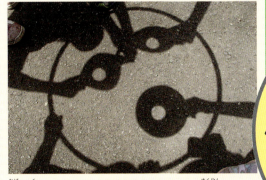

影の組みあわせをくふうして、いろいろな作品をつくる。写真は、「顔」をテーマにしたもの。

　影をつかって、形がいろいろに変化するのを見ながら、みんなで意見をいいあいましょう。きっと、おもしろい形がつくれますよ。

影の動きのおもしろさ

ひとつの光はひとつの影をつくります。
ふたつの光をつかうと、ふたつの影ができます。
照明器具を手にもって動かすと、影はどんな動きをするでしょう。

光源を動かして影をつくる

太陽の位置が移動すると影の向きが変わっていくように、光源の位置が移動すれば、影も移動します。光源の位置を、上下、左右に動かすことで、いろいろな場所に影をつくることができます。

ひとりでフラダンス

台の上でおどる人は移動しない。光をあてる人が動くことで、影がスクリーンのなかをおどりながら動きまわる。

ポイント…光をあてる人は、おどる人を中心にして、なるべくおどる人との距離を変えないように動くとよい。

ワンポイント

光源と影の関係

ひとつの光源にはひとつの影がうつります（図①）。光源があっても、光をさえぎる物がない場合は、影はうつりません（図②）。ふたつの光源をつかい、光をさえぎる物に光をあてると、ふたつの影がうつります（図③）。

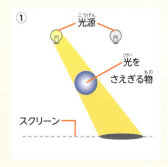

ひとつうつる。

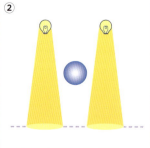

うつらない。

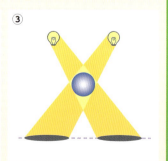

ふたつうつる。

ふたつの光源をつかう

ふたつの光源をつかうと、同じ物をふたつうつすこともできます（→ワンポイント）。ふたつの光源があっても、どちらの光もあたらなければ、影はできません。下の子どものように、ふたつの光源を利用して、自分の影を消すこともできます。

消える影

ふたつの光源をつかって、下の図のようにスクリーンを照らす。光源は動かさず、影がうつるところとうつらないところを移動することで影が消えるマジック。

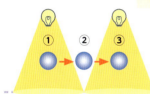

ポイント…光源から光のあたらない場所をつくっておく。②の位置から光源AとBの光に手だけをあてたら、どんな影ができるだろう？

観客席から見ると……、歩いている影が急に消えた!! そしてまた影が急にあらわれる。

キャッチボール

光源の光に色をつけ（→P16）、スクリーン全体を照らす。キャッチボールをする人はスクリーンの近くに立ち、ボールを投げるふりや受けるふりをする。ボールは、強い懐中電灯の光を、スクリーンにあててつくる。

ポイント…光源の光につける色をこくすると、ボールが見やすい。

ポイント…ボールの光をあてる人はスクリーンの光のなかに入らないように注意する。

ポイント…動かすボールが紙風船などの設定のときでは、光の動き方を変えて、ふわふわ飛んでいるように見せる。

影の性質や、影のつくり方がわかってきましたか？ 自分たちがつくりたい影のイメージにどうすれば近づけるのか、いろいろ試してみましょう。

もっと知りたい

影に色をつけよう

影絵は白黒だけで表現されるものではありません。
カラフルに色をつけた影絵をたのしむこともできます。

光源の光に色をつける

色つきの影絵をつくるには、ふたつの方法があります。

ひとつは、光源の光そのものに色彩をもちいて、スクリーンの色を変えるという方法です。色つきのセロファン（色セロファン）でもできますが、鮮明な色の光をつくるには、電器照明でつかうゼラチンペーパーをボール紙のあいだにはさんで光源の前におき、それを通してスクリーンに光をあてます。

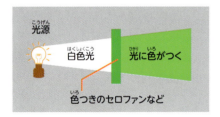

光源から出る光の色によってスクリーンやかさの影の色が変わるのは、「光の三原色」というしくみによるものです。かさの影の色は、かさでさえぎられている光以外の光の色があらわれます。つまり、青と赤がまざれば赤むらさき色、緑と青では青緑色、赤と緑がまざれば黄色になります。光の三原色については右ページに、くわしく説明してあります。

実験

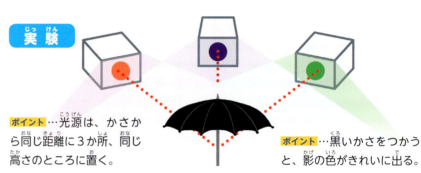

ポイント…光源は、かさから同じ距離に3か所、同じ高さのところに置く。

ポイント…黒いかさをつかうと、影の色がきれいに出る。

青の照明だけをつけると、スクリーンは明るい青になり、影の色は黒になる。

青と赤の照明をつけるとスクリーンは明るい赤むらさき色になる。

影はふたつにふえて、図のような色になる。

青と赤と緑の照明をすべてつけると、スクリーンは白くなる。

影は3つになり、図のような色になる。

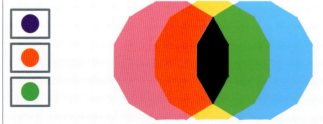

かさを正面に向けると影の形が変わる。グルグルまわすと動きが出る。

ポイント…かさを前後に動かしたり、数をふやしたりすると影はどうなるかな？
音楽に合わせて動きに変化をつけると、かさがダンスをしているように見える。

うつす物の一部に色をつける

もうひとつは、人形や装置に、部分的に色をつける方法です。うつす物の一部に光を通す部分をつくり、そこに色セロファンなどをはりつけることで影にさまざまな色をつけることができます。

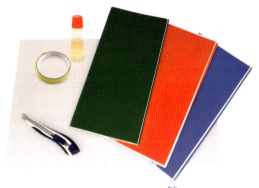

色セロファンとカッターナイフ、ボール紙、カッティングマット、のり（セロハンテープ）を用意。ボール紙を好きな形に切りぬいて、色セロファンをはりつける。

光の三原色

ビデオカメラやテレビは、赤、緑、青の3つの光だけで、いろいろな色をつくり出しています。ヒトの目の網膜には、色に反応する細胞が赤、緑、青の3色分しかありません。ヒトはこの3種類の光の強弱を頭のなかで組みあわせて色を感じています。

ヒトが感じる赤、緑、青の3つの光を「光の三原色」といいます。この3つの色を組みあわせることで、さまざまな色の光をつくることができます。たとえば、下の図のように、ちがう色の光を重ねると、もとよりも明るい別の色の光をつくれます。三原色をすべて重ねると、白い光になります。

赤と緑、青色のセロファンをそれぞれつけた照明器具をつかえば、さまざまな色をつくることができるというわけです。

なお、絵具の赤むらさき、青緑、黄の3色は、まぜるとほとんどの色をつくれるので「色の三原色」とよばれています。

光の三原色（左）と色の三原色（右）。

部分的に色をつけたホタルの人形（左）に光をあてると、右のように、色のついた部分（赤と青）は黒い影にならずその色のままうつる。

手やからだでつくる影絵

手影絵は、自分の手だけでできるかんたんな影絵遊びです。
指やうでをつかって、いろいろな形をつくることができます。

手影絵のいろいろ

口や耳などの形をつくっている指を動かすと、うつした影がまるで生きているように見えます。

イヌ

ポイント…あくしゅをするように、左手を右手でにぎる。左手の小指が下あご。上下に動かすと、ワンとないているように見える。

鳥

ポイント…親指以外の4本の指をそろえてのばす。羽の部分になる指先をピンとのばすと、本物の鳥のようなふんいきが出てくる。

ネコ

ポイント…上の手のひとさし指と小指をおりまげて、耳をつくる。ピンと立てた下の手のひとさし指が、しっぽになる。

ウサギ

ポイント…上の手の中指とくすり指を立てれば、うさぎの耳。下の手の中指とくすり指はうさぎの前足。おりまげたひとさし指と親指はうしろ足になる。

フクロウ

ポイント…親指とひとさし指でOKマークをつくり、残りの指はかるく曲げる。その形を両手でつくり、そのまま手をクロスさせ、ひとさし指をせなかあわせにする。フクロウをつくる人と、フクロウがとまっている枝の役をする人の2人が必要。

花

ポイント…葉っぱの役と、花の役の2人が必要。葉っぱ役の人は光源の近くに、花役の人は光源からはなれたところに位置して、うまく重なるようにする。

花やパンダの手
影絵は、光源に近い人ほど大きくうつり、スクリーンに近い人ほどくっきりと小さくうつる遠近法をうまくつかっています。影の大きさが変化することを利用すると、おもしろいですね。

※ここにかかれているのは、自分から見た手の形です。

ワンポイント

4人がかりでつくるパンダ

4人がスクリーンに近い人から背の低い順にならび、8本の手と40本の指でつくるパンダの影絵。日本の影絵の専門劇団である劇団かかし座(→P23)が考案しました。つくる人たちによって、いろんな表情のパンダができます。

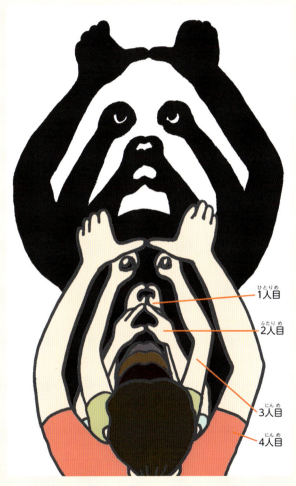

[つくり方]

1人目　両手で丸をつくるようにして、親指を交差させる(鼻)。

2人目　1人目のすぐうしろにつく。両手の指どうしをあわせ、口の形をつくる(口)。

3人目　2人目のすぐうしろにつく。左右それぞれの手で丸をつくり、ひとさし指を曲げて黒目にする(目)。

4人目　3人目のすぐうしろにつく。両手の親指どうしをつけ、ほかの指は第2関節で曲げる。うでを大きくのばす(りんかくと耳)。

形をととのえて、完成。

19

からだをつかった影のいろいろ

　手やからだをつかった影絵は、演じる人自身の影の動きです。演じる人は影のイメージをつかみやすく、表現をあらわしやすいという特色があります。

ゾウ

　2人一組で、大きなゾウの影絵がつくれる。2人とも、頭を下げて、のっしのっしと足並みをそろえること。前にいる人は、片方の手をゾウの長い鼻に見立て、ぶらんぶらんさせる。

懐中電灯

ポイント…光源を足元におくと、ゾウの足もうつり、全体像が見える。

ポイント…前の人の右手をつかって、ゾウのきばをつくる。

影が思うようにできないときは、影を見て意見をいう役割の人をつくりましょう。影をつくる人、そして意見をいう人で話しあって、動きながらだんだんとよい形にととのえていくといいですよ。

手やからだでつくる影絵

海そう
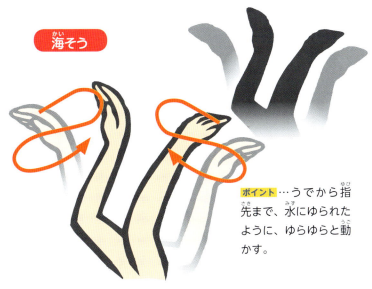
ポイント…うでから指先まで、水にゆられたように、ゆらゆらと動かす。

イソギンチャク
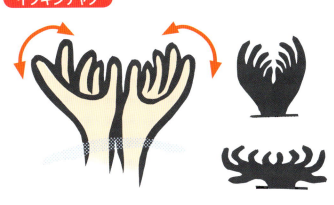
ポイント…指をふにゃふにゃと動かしながら、開いたりすぼめたりすると、イソギンチャクらしくなる。

小さい波

ポイント…小さい波は手と指先で「ちゃぷんちゃぷん」と速めに動かす。中くらいの波はひじまでつかって「ざぁーざぁー」と少しゆっくりと動かす。

中くらいの波

大きい波

ポイント…大きい波は、うでを長くのばし、からだを全部つかって「ざぶぅーん」とおおいかぶさるような動作をする。

21

もっと知りたい

影をつかった、ふしぎマジック

影でなにかの形をつくる遊びは、昔から身近な遊びとしてたのしまれていました。現代では、影がアート作品となっているものもあります。

江戸時代の影法師

　江戸時代に発行された本のなかに、手影絵の浮世絵が残されています。下で紹介した絵のタイトルにある「かげぼしづくし」の「かげぼし」は「影法師」のことです。光があたって、障子や地上などにうつる人の影を影法師といいます。江戸時代には電気もなく、暗くなるとロウソクの明かりですごしていました。身近な道具をつかって影を障子にうつし、それがなんだかあてさせるという影絵は、庶民の遊びとして定着していたのです。

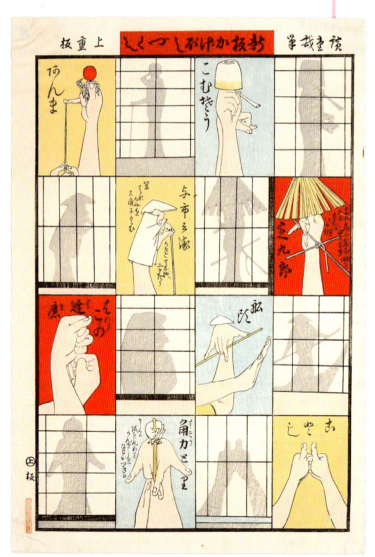

江戸時代に活躍した浮世絵師・歌川広重がかいた「新板かげぼしづくし」。手と身近な道具をつかって、いろいろな形の影を障子にうつしている。

こちらも歌川広重の連作「即興かげぼしづくし」の一部。からだ全体をつかって影の形をつくっている。「岩に鳶」（上）も「ねこ」（下）も、着物のつかい方にひとくふうあり。

（ともに東京都立中央図書館特別文庫室所蔵）

ふしぎな影のアート

いろいろな素材をつかってうつした影を見ると、もとの素材がどこにあるのかわからないという、おどろきの影のアート作品があります。左ページの手影絵は、影をうつした手の形と影の形をあわせて見れば、どこがどううつって影ができるといったなぞときができます。ところが、アート作品では、どうすればその影ができるのか、理解するのがむずかしいものもあります。

ビルのかべにとりつけられた数字のブロックに光をあてると、女性のすがたがうかびあがる。これは、独特の手法で光と影の作品をつくりだすアーティスト・山下工美さんの「まちのながめ」という作品。パブリックアート（道路や公園など公共的な空間におかれるアート作品）として大阪のなんばパークスタワーで見ることができる。

撮影／森山正信

チームで手影絵

日本で最初にできた現代影絵の専門劇団（1952年創立）に「劇団かかし座」があります。創立時はNHKの専属劇団として放送用の影絵劇などをつくり、のちに全国の小学校や市民会館などをめぐる上演活動を開始。日本の現代影絵の世界を切りひらいてきました。

近年は、手とからだだけでいろいろな動植物の姿をつくりだす「手影絵」が注目を集めています。2009年、4人の出演者の手影絵だけで1時間以上のパフォーマンスをする舞台をドイツの国際影絵劇フェスティバルでおこない、大きな反響をよんで、以後、毎年のように海外公演をおこなっています。ほかにも、テレビや映画、出版などをつうじて影絵の世界を広めています。

ペンギン、フクロウ、ウサギ、イヌなど動物を中心に100種類以上の影絵を表現。手の組みあわせしだいで無限の可能性が広がる。写真はカエル（上）とハクチョウ（左）。

手影絵をつかった劇づくり

ここからは、手影絵をつかって、じっさいにドラマ（劇）づくりに挑戦です。クラスのなかまや、友だちどうしが集まって、一人ひとりが自分の得意な役割を受けもちます。どんな影絵の世界ができるのでしょう。

劇をつくるには

劇づくりには、いろいろな役割の人が必要です。みんなで話しあって、それぞれが得意な役割を受けもちます。

劇をつくるといっても、特別にむずかしいことをするわけではありません。まず台本をつくり、みんなで台本を読んで、どんなふうにしたらおもしろくなるか、気がついたことを自由に話しあいます。

> こういうときの話しあいで大切なのは、出された意見に、そんなのつまらないよ、と言わないこと。自分だったらこうする、こうしたほうがおもしろそうというふうに、意見をふくらませていくことが、たのしく劇をつくるコツです。

上演するまでの準備

役割が決まったら、台本をなんども読んでみて、自分の役割に応じてなにをしたらよいのかをいろいろ考えて、理解することが大切です。音楽で劇をもりあげることもできるし、背景の材料をくふうすることで、おもしろい効果が出ることもあります。それぞれの役割を担当する人たちが考えたことを、みんなで話しあい、演出担当の人が、どういう劇にしていくかをまとめていきます。

> 台本をつくるときには、空想と調査、そして想像力が大切です。たとえば、学校で飼われているうさぎを例に、お話をつくってみましょう。
> 空想とは、じっさいとかけはなれたことを頭のなかで考えることです。このうさぎはここに来る前、どんなところで生まれ、どんな環境で育ったのだろうなどと空想します。すると、うさぎはどんな動物なのだろうと気になりますね。どんな性格かも知りたいところ。そうした知識を得るために、図書室で調査します。知識を得たら、うさぎの生活を想像します。想像とは、じっさいに経験しないことを、頭のなかで思いうかべたり、考えたりすることです。
> うさぎが主人公でも、劇を見るのは人間です。うさぎの生活をかりて、人間のお話をつくることが、見る人の興味をひく台本を書くヒントです。

●劇をつくる人たち

台本担当
演出担当
音楽担当
美術担当
スクリーン・道具担当

●上演にかかわる人たち

キャスト	演じる人
	語る人
舞台スタッフ	舞台監督
	音楽を流す人
	効果音を流す人
	舞台照明

手影絵をつかった劇づくり

劇をつくって上演するために必要な仕事

劇の台本を書く。

「どんなセリフを入れようか」
「見ている人をおどろかせたいな」

劇を上演するために、全体をまとめる。

「美術や音楽の進みぐあいはどうかな」

劇にふさわしい音楽をつくる。

「じぶんで曲をつくっちゃおうかな」

登場人物のデザインや背景の絵を考えて、つくる。

「うすい布に青い光をあてて動かすと、青い波ができる」
「すごい発見だね」

影をうつすスクリーンや道具をつくる。

「学校にあるものも、いろいろとつかえるね」
「このシーツ、家からもってきたんだ」

手やからだや道具をつかって、役を演じる。

「この手の動きが波に見える？だれかおしえて」

演じる人の影の動きにあわせてせりふをいう。

「演じる人と息をあわせなくっちゃ」

演出家のイメージしたことを舞台に実現させるために、スタッフをまとめる。

「みんな、たのしんでる？しっかりやろうぜ」

劇中で必要なときに音楽を流す。

「音楽にあわせてリズムをきざむよ」
「ぼくたち名コンビ！」

風や嵐、雨の音など、劇に必要な音を流す。

「ペットボトルに大豆やあずきを入れてふったら、波の音になるかも。試してみよう」

影をつくるための照明をあつかう。

「つぎはどの色の光にすればいいかなあ」

けいこのはじまり

音楽や美術、効果音などの準備がそろったら、いよいよリハーサル（けいこ）です。ここでも演出担当の人は、演じる人の動きや、語る人のせりふのいい方、照明のあて方、音楽の入り方などがうまくいっているかどうか全体を見ていきます。もちろん、劇づくりに参加している人たちは、気がついたことを自由にいって、どんどん劇をおもしろいものにしていきます。

校長室にあったんだ。
まにあってよかった！
「ウサギの森」の背景さ。

これ、どこにあったの？
なににつかうの？

出番はまだかな？

（せりふ）遠くで雷の音が聞こえますよ！

準備はいいかい？

準備オッケー！

照明に色をつけている（緑色）。

スクリーンのうら側のようす。演じる人は、手やうで以外がうつらないようにする。

もう少しゆっくりひいたほうが、歌いやすいな。

ピアノは暗いところでは演奏できないので、スクリーンよりも少し前に出す。

いよいよ本番！

じゅうぶんにけいこをしたら、いよいよ本番です。上演中、演出担当は、舞台の上にあがりません。舞台全体をまとめていくのは、舞台監督の役割です。

上の絵では、体育館にスクリーンを3つ用意して、3か所に影絵がうつるようにくふうしています。これなら、背景に

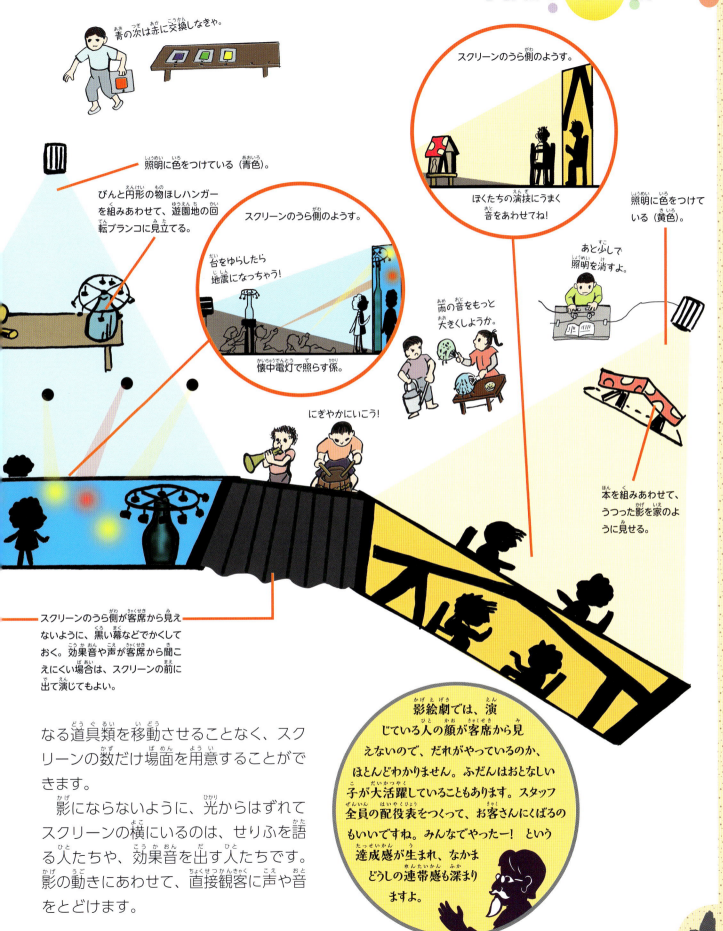

なる道具類を移動させることなく、スクリーンの数だけ場面を用意することができます。
　影にならないように、光からはずれてスクリーンの横にいるのは、せりふを語る人たちや、効果音を出す人たちです。影の動きにあわせて、直接観客に声や音をとどけます。

資料① 影絵の照明の基本知識

照明とスクリーンの距離

照明の位置は、光がスクリーン全体を照らすところまで（図①）、スクリーンから遠くはなします。スクリーンからの距離がとれず、照明器具の光がスクリーンのはばより小さな円になってしまった場合は（図②）、スクリーンの四隅が欠けてしまいます。円の形をつかって、それにあわせた絵をつくります。

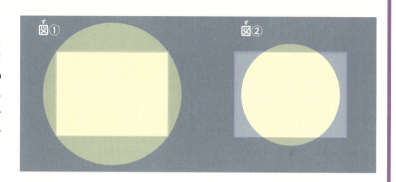

照明の高さ

照明の理想の高さは、スクリーンの中心に照明の中心がくることです。しかし、そうかんたんにはいきません。そこで、どんな絵をつくりたいかという目的をもって、つくりたい絵を効果的に見せられるように、スクリーンに絵をうつしながら、高さを決めていきます。

例えば図③は人の影をつかった影絵で、照明の高さは、スクリーンの中央です。空を見せる設定などの場合、人の足が見えなくてもかまいません。

光のあたらないところから、セロファンなどで色をつけた懐中電灯でスクリーンを照らすと、小さな光の動きを演出することができます。

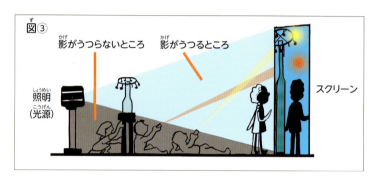

図④は手影絵です。照明の高さは、基本的にはスクリーンの中央ですが、演じる人の手影絵以外のからだをかくすためのくふうが必要になります。背景として光をさえぎる物をつくり、からだをかくします。また、演じる人も腰をかがめてからだが光にあたらないようにします。

図⑤は、本を重ねて家に見立てた影を大きくうつし、その家のなかで人がすわっている設定です。この場合は、照明の高さを中心よりも低くして、本でつくった家の影がスクリーンの高さいっぱいになるようにします。

照明の色

照明に色をつける（→P16）と、表現のはばが広がります。ボール紙にセロファンなどをはった枠をいくつか用意しておくと、かんたんに色を変えることができて便利です。

照明の色が背景の色になる。セロファンなどをボール紙にのりかセロハンテープではる。

ボール紙の枠を2枚はりあわせるとじょうぶになり、つかいやすい。

枠の窓はスクリーンのたてと横の比率にあわせる。光がスクリーンの外に出なくなり、きれいな影になる。

資料❷ スクリーンのつくり方

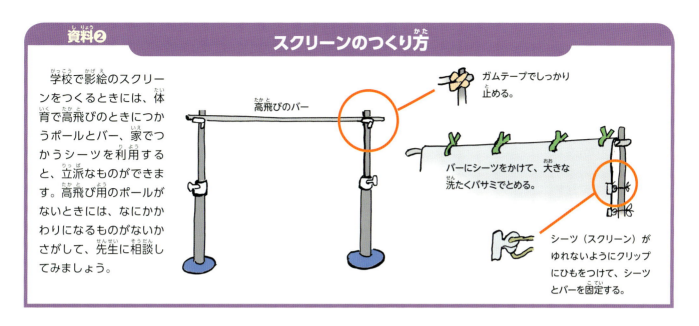

学校で影絵のスクリーンをつくるときには、体育で高飛びのときにつかうポールとバー、家でつかうシーツを利用すると、立派なものができます。高飛び用のポールがないときには、なにかかわりになるものがないかさがして、先生に相談してみましょう。

さくいん

あ行
- 色セロファン･････････ 16、17
- 色の三原色･････････････ 17
- 浮世絵師･･･････････････ 22
- 歌川広重･･･････････････ 22
- LEDライト･･････････････ 9

か行
- 懐中電灯･･･････････ 9、15、30
- 影絵･･･････ 9、10、11、16、22、30
- 影法師･････････････････ 22
- ガラス･･････････････････ 8
- 川村亘平斎･･･････････ 10、11
- キャンプ・ファイヤー･･･････ 9
- 蛍光灯･･････････････････ 9
- 劇団「かかし座」･･･････ 19、23
- 光源･････ 6、7、9、10、11、14、15、16

さ行
- 新板かげぼしづくし･･････････ 22

た行
- スクリーン････ 6、7、10、11、14、15、16、25、28、29、30、31
- スマートフォン････････････ 9
- ゼラチンペーパー･････････ 16
- セロファン･････････ 16、17、30
- 造形遊び･･･････････････ 13
- 即興かげぼしづくし･････････ 22

た行
- 台本･･････････････････ 26、27
- 太陽･･･････････････ 6、7、8、14
- たき火･････････････････ 9
- 地球････････････････････ 7、8
- 月･･･････････････････････ 7、8
- 手影絵･････････ 18、22、23、24、30
- 点光源････････････････ 7、9
- トンチ･････････････････ 10

な行
- なんばパークスタワー･････ 23

は行
- 白熱電球･･･････････････ 9
- パブリックアート･･･････････ 23
- ハロゲンランプ･･･････････ 9
- 光の三原色･･･････････ 16、17
- 日時計･･････････････････ 7
- プラスチック･････････････ 8
- 本番･･････････････････ 28

ま行
- 水･････････････････････ 8
- 面光源････････････････ 7、9

や行
- 山下工美･･･････････････ 23

ら行
- ランプ･･････････････････ 9
- リハーサル･････････････ 28
- ロウソク･･･････････････ 9、22

影絵さくいん

- イソギンチャク･････････ 21
- イヌ･･･････････････････ 18
- ウサギ････････････････ 18
- 海そう････････････････ 21
- ゾウ･･････････････････ 20
- 鳥･･･････････････････ 18
- 波･･･････････････････ 21
- ネコ･････････････････ 18
- 花･･･････････････････ 19
- パンダ･･･････････････ 19
- フクロウ･････････････ 19

■ **監修・著／影絵人形劇団みんわ座**
1968年に創立された影絵の劇団。日本の伝統芸能である「江戸写し絵」の研究と復元に取り組み、写し絵と影絵芝居を組み合わせた独特の技法の公演が特徴。各地の小学校での巡回公演を続けているほか、2001年ブライトン国際映画祭、2009年アメリカのハリウッド映画アカデミー、2012年東ヨーロッパ4か国で写し絵を上映。映像を「手動で操作」するその高い技術と芸術性は、国内のみならず、国際的にも高い評価を得ている。
http://www.minwaza.com

劇団代表／山形文雄 1937年北海道函館生まれ。二松学舎大学卒。劇団仲間・劇団角笛を経て、劇団みんわ座を創立、現在当劇団の代表。江戸写し絵師 三代目薩摩駒花太夫、元早稲田大学非常勤講師。

■ **絵／田中佑子**
東京生まれ。女子美術大学卒。影絵人形劇団みんわ座創設に参加。美術担当、人形劇俳優。影絵人形劇の講習会講師としても活躍。

■ **編／こどもくらぶ（二宮祐子）**
「こどもくらぶ」は、あそび・教育・福祉の分野で、こどもに関する書籍を企画・編集しているエヌ・アンド・エス企画編集室の愛称。図書館用書籍として、毎年5～10シリーズを企画・編集・DTP製作している。これまでの作品は1000タイトルを超す。
http://www.imajinsha.co.jp/

■ **企画・制作・デザイン**
株式会社エヌ・アンド・エス企画
吉澤光夫

■ **写真協力**（敬称略）
東村山市立北山小学校
日野市立旭が丘小学校
劇団かかし座
川村亘平斎
山下工美
アートフロントギャラリー
東京都立図書館デジタルアーカイブ
©ミルココリン／PIXTA

この本の情報は、2017年9月までに調べたものです。今後変更になる可能性がありますので、ご了承ください。

みんながたのしくなる影絵の世界 ①つくってみよう！いろいろな影の形

初　版	第1刷 2017年10月25日
監修・著	影絵人形劇団みんわ座
編	こどもくらぶ
発　行	株式会社 六耀社
	〒136-0082 東京都江東区新木場2-2-1
	電話 03-5569-5491　FAX 03-5569-5824
発行人	圖師尚幸
印刷所	シナノ書籍印刷株式会社

©Kodomo kurabu　NDC777　280×215mm　32P　ISBN978-4-89737-961-6　Printed in Japan

落丁・乱丁本は、購入書店名を明記の上、小社営業部宛にお送りください。送料小社負担にて、お取り替えいたします。